LA
NOBLESSE POLITIQUE

Étude contemporaine

PAR

Jean de LA BRENNE.

PARIS

CHARLES DOUNIOL, LIBRAIRE-ÉDITEUR

29, — rue de Tournon, — 29.

—

1875.

S'il est une classe de la société que préoccupent vivement les graves questions politiques agitées de nos jours, c'est assurément la Noblesse. Chacun de ses membres, depuis le Duc arrogant et superbe qui tient le haut du pavé dans le monde diplomatique, jusqu'au gentilhomme campagnard que l'exiguité de sa fortune rive aux vieux murs de son manoir effondré, est enrégimenté sous un drapeau ou sous un autre. La politique ne saurait trouver d'indifférents dans cette vieille *couche sociale.* Les castels séculaires comme les villas modernes qui abritent un nom précédé de la particule nobiliaire, sont tous — à des degrés différents — des lieux de réunion où s'agitent, entre grands et petits seigneurs, les questions les plus ardues et les plus brûlantes de la politique du jour. Est-ce à dire pour cela que tous les individus qui composent la caste des nobles partagent les mêmes idées, appartiennent au même parti, aspirent au même but? Non, car, là comme ailleurs, les passions sont multiples et souvent opposées les unes aux autres. Là comme ailleurs, il y a des bons, des tièdes et des mauvais. Là comme ailleurs, l'homme se révèle avec ses vertus et ses vices. Là, plus qu'ailleurs peut-être, règnent la division, la jalousie, la haine, ces filles naturelles de l'orgueil et de l'ambition.

Chacun des grands partis qui, aujourd'hui, se dis—
putent le pouvoir, compte des adeptes plus ou moins
nombreux dans les rangs de l'aristocratie française.
A peu de chose près, on peut établir comme règle
générale :

1° Que la *Légitimité* recrute ses partisans titrés dans
la vieille noblesse ;

2° L'*Empire* dans la noblesse de date récente ;

3° L'*Orléanisme* dans la noblesse altérée ;

4° La *République* dans la noblesse tarée.

I.

Hugues-Enguerrand-Raymond, vicomte de La Villardière, est le chef de nom et d'armes de l'antique maison de La Villardière, connue en France dès le xie siècle. Peu de familles ont un plus glorieux passé que cette noble lignée de chevaliers et de preux dont le sang a coulé pour la France à toutes les époques de son histoire. Les archives de l'abbaye de Duncan, les chroniques historiques et religieuses de Bretagne, les mémoires du chevalier de Suzennecourt parlent avec éloge de cette illustre maison dont on trouve toujours quelque membre, depuis près de neuf siècles, partout où il y a un grand coup d'épée à donner ou à recevoir, une noble cause à soutenir, une fière et généreuse parole à faire entendre.

Le vicomte actuel de La Villardière est né en pleine Restauration. C'est maintenant un beau vieillard qui approche de la soixantaine; sa taille est au-dessus de la moyenne. Il porte la tête haute, sans arrogance, son regard est fier et calme tout à la fois; son front large et découvert; ses traits accentués et d'une parfaite régularité; son nez aquilin, sa bouche un peu pincée et légèrement ironique donnent à sa physionomie ce cachet de distinction native qui n'appartient qu'aux vieilles races. Fidèle à sa devise, digne descendant de ses aïeux, il est tout à son Dieu, à sa patrie et à son roi. Sa fortune comme sa personne ont toujours été au service de ces trois grandes causes. Pour elles, il n'est point de sacrifices qu'il ne soit prêt à accomplir. Un de ses ancêtres vendit jusqu'aux diamants qui ornaient la garde de son épée pour suivre le roi Louis VII en Palestine. Un autre, fait prisonnier par Saladin, préféra la mort à l'apostasie. Son aïeul précéda de quelques jours le roi Louis XVI sur l'échafaud. C'est le même sang qui coule dans ses veines, la même foi qui vit dans son âme, le même sentiment de générosité et de dévoûment qui fait battre son cœur. Son fils aîné, simple soldat aux zouaves pontificaux, fut trouvé parmi les morts de cette héroïque phalange qui s'immortalisa à Castelfidardo. Son plus jeune fils, sous les ordres de Charette, fit des prodiges de valeur à la journée de Patay, et tomba percé de cinq coups de baïonnette dont il porte encore les glorieuses cicatrices. Le vicomte de La Villardière a trouvé tout naturel que le sang de sa race coulât de nouveau pour l'Eglise et la France. Le reste, maintenant, appartient à son roi, et il ne désespère pas de le verser, à l'exemple de ses ancêtres, sous la bannière des lis.

Comme tous les légitimistes, il est profondément convaincu que Henri V montera un jour sur le trône de ses pères, qu'il est l'homme unique et nécessaire pour rendre à la France sa grandeur déchue, rétablir sa fortune épuisée et faire le bonheur de ses peuples. Selon lui, il est impossible que le comte de Chambord, cet enfant du miracle, dont la naissance fut saluée par la France avec tant d'enthousiasme, qui, pendant si longtemps a médité dans la solitude de l'exil les devoirs de la royauté, dont l'intelligence, l'esprit et le cœur forment cet ensemble admirable où le pasteur des peuples, l'économiste, le financier, le défenseur de la liberté et du droit apparaît avec cette majesté qui défie la comparaison parmi les personnes royales du temps présent ; il est impossible que ce prince ne soit pas l'homme providentiel que Dieu a tenu en réserve pour conduire au port, après tant d'orages, notre malheureuse Patrie humiliée et sanglante. Fort de cette conviction, le vieux gentilhomme attend son roi avec une si ferme confiance, qu'il prend pour des rêveurs et des utopistes ceux qui ne partagent pas ses idées et ses espérances.

Il y a dans l'année deux fêtes qui se célèbrent, au château de La Villardière, avec une touchante solennité : la Saint-Michel qui tombe le 29 septembre, jour anniversaire de la naissance du royal exilé, et la Saint-Henri, son glorieux patron, que l'église honore le 15 juillet. Ces deux jours-là, la chapelle du château revêt sa plus riche parure, le prêtre ses plus précieux ornements. Les chants y sont plus beaux, les prières plus ferventes, les cœurs qui y battent à l'unisson font des vœux plus ardents pour le triomphe de la justice et du droit. La veille, toute la noble famille a signé une longue adresse, rédigée par son chef, et qui porte au *Roy* l'expression la plus vive et la plus sincère de sa fidélité et de son amour. Puis, quelques jours, qui semblent longs comme des siècles, se passent dans l'attente de la réponse royale. Enfin, elle arrive. Que d'exclamations ! que de joie ! que de douces larmes ! Comme chaque phrase, chaque expression est admirée, commentée, vénérée ! Il faut que la lettre passe dans toutes les mains, soit lue et relue par tous les yeux, reçoive le baiser d'amour de toutes les lèvres ! C'est un véritable culte rendu à la royauté exilée. — Quand le dernier mot a été dit sur la bienheureuse missive, elle est enfermée avec soin, comme une relique, dans un coffret précieux, et va augmenter le nombre des autographes royaux qui sont, aux yeux du vicomte, avec une lettre que lui adressa Pie IX à l'occasion de la mort de son fils aîné, les plus glorieux titres des archives de sa famille.

Comme tous les hommes profondément convaincus de la justice et de la sainteté de la cause qu'ils ont embrassée, M. de La Villardière ne craint pas d'affirmer publiquement sa foi politique, de soutenir ses opinions, de laisser voir ses espérances. C'est même avec une certaine ostentation et un certain éclat qu'il parle de *Sa Majesté le Roi*, de *Son Altesse le duc de Bordeaux*, de *Monseigneur le comte de Chambord*. Dans toute sa conduite vis-à-vis ses adversaires politiques, il y a une sorte d'affectation, d'exagération même qu'on serait tenté de prendre pour de la comédie ou un sot orgueil, n'étaient la haute intelligence, la loyauté, l'honneur bien connus du vieux légitimiste.

Un jour qu'il se trouvait par hasard à sortir de la salle, où l'Assemblée nationale tient ses séances, en même temps qu'un riche député de l'extrême gauche, un vieillard infirme se présente à eux et leur demande l'aumône. Le député rouge porte alors, non sans quelque hésitation, la main à la poche de son gilet, et en retire, avec un chagrin visible, un... décime ! qu'il jette, d'un air rogue et bourru, au vieux mendiant. Témoin de cette générosité républicaine, le vicomte de La Villardière lance à son adversaire politique et plusieurs fois millionnaire un regard de mépris, et s'approchant à son tour du vieillard, il lui met une pièce d'or dans la main, en lui disant d'un ton ironique et assez haut pour être entendu du député radical : « Tenez, mon ami, voici dix francs de la part d'un royaliste ! » (1).

Voilà l'homme, voilà le légitimiste de vieille roche, un peu vif, un peu intolérant peut-être, mais tel que l'ont fait nos luttes politiques. Sa tenue est irréprochable, son cœur ardent et généreux, sa parole choisie et quelque peu apprê-tée, toujours au service de la vérité, d'une franchise sans égale, d'une ironie fine et acerbe, mais d'une convenance parfaite, même envers ses adversaires.

La génération actuelle est loin d'avoir ces formes, ces délicatesses de langage, fruit d'une éducation qui s'en va de jour en jour, et qui bientôt n'existera plus chez nous qu'à l'état de souvenir.

Humainement parlant, Henri V est certainement celui des prétendants qui a le moins de chance de monter sur le trône de France. Malgré cette apparente impossibilité de voir se réaliser leur rêve, ses partisans sont les plus fidèles à leurs principes, les plus dévoués à leur cause, les plus confiants dans leurs espérances. Ils se souviennent de cette parole si profondément vraie : *L'homme s'agite et Dieu le mène*. Ils savent que Celui de qui relèvent les empires renverse, d'un souffle, les plus puissants et les plus solide-ment fondés, au milieu des audaces de leur insolence et de l'orgueil de leurs coupables projets, pour relever sur leurs ruines, quand l'heure de sa justice a sonné, les trô-nes naguère écroulés et disparus. Là est le secret de cette fidélité et de ce dévouement à toute épreuve.

Le vicomte de La Villardière possède, à un haut degré, cette ferme confiance dans l'avénement futur de son *Roy*.

____

(1) Authentique.

Volontiers il prend un ton prophétique pour annoncer son retour, le triomphe de ses droits, la ruine de ses ennemis, la résurrection de la France. Avec le Prophète des livres saints il s'écrie : « *Seigneur, de toutes les fleurs du monde, vous vous êtes choisi le seul lis !* » (1). Se souvenant de l'élection de sa race et de sa naissance merveilleuse le jour de Saint-Michel, protecteur de la France, et vainqueur de Satan, il est persuadé que lui seul peut écraser la révolution. Embrassant du regard les souvenirs historiques qui se rattachent au drapeau blanc et aux armes qui le décorent, il les salue comme un gage précieux d'avenir. Mesurant la profondeur des maux causés à la France par l'absence de cette noble bannière, il trouve en elle l'espoir et il dit : « Un fils de nos rois nous reste, il est le libérateur attendu, l'homme de la Providence, celui par qui sera sauvée la fille aînée de l'Eglise ! »

Le vicomte de La Villardière verra-t-il se réaliser ses plus chères espérances ?

La parole est à la France et l'heure est à Dieu !

II.

Joachim-Napoléon-Jérôme, baron Durand, est le fils du général Durand, soldat de fortune, nommé baron par Napoléon Ier, à l'époque où le grand Empereur, pour donner à son trône l'éclat des vieilles monarchies, créa une nouvelle noblesse, espérant par là réunir sous les mêmes titres les hommes de la Révolution et ceux de l'ancien régime.

Le baron Durand n'a rien dans sa tournure qui rappelle le vieux soldat, son père ; rien dans ses manières qui indique qu'il appartient à la noblesse ; rien dans toute sa per-

---

(1) *Ex omnibus floribus orbis, elegisti, domine, lilium unum.* Esdras, liv. iv, c. 5, v. 24.

sonne qui annonce autre chose qu'une vigoureuse santé et une intelligence ordinaire.

Physiquement, il ressemble au premier venu habillé en bourgeois. C'est un homme de cinquante ans environ, robuste, trapu, brun, avec des cheveux plats et une assez belle moustache. Au moral, c'est autre chose. Il est lui, bien lui, entièrement lui. A le voir, et surtout à l'entendre on ne saurait s'y tromper. Il a de l'audace, du sang-froid ; il a étudié, il sait ce qu'il vaut, il parle avec abondance, il est avocat et décoré.

« Napoléon Ier a fait la fortune de mon père, Napoléon « III ne saurait nuire à la mienne. »

Tel fut son raisonnement à l'avénement au trône du Prince-Président, et l'avenir lui a donné raison.

Le baron Durand est donc bonapartiste par induction, par calcul peut-être, plutôt que par conviction. Au lendemain de Sédan, il montra bien quelque peu de timidité et de mollesse à défendre l'Empereur des accusations portées contre lui, mais en cela il ne fut pas plus lâche que les députés bonapartistes dont cinq seulement eurent le courage de protester contre la loi de déchéance et de bannissement proposée à la Chambre par les hommes du 4 Septembre, contre Napoléon III et sa famille. Depuis, le vent de l'opinion ayant tourné, il a repris tout son aplomb, et il ne craint plus d'étaler au grand jour ses préférences politiques. Au besoin, s'il était de la force de M. Granier de Cassagnac sur la quarte et la tierce, il serait capable, tant il souffre peu qu'on touche à son idole, d'imposer ses idées et ses croyances avec la pointe de son épée.

Qu'on ait le culte du malheur, qu'on défende la mémoire d'un souverain tombé, qu'on reste fidèle à sa dynastie, il n'y a là rien que de très-louable. C'est un devoir auquel ne devrait jamais faillir un homme d'honneur et de cœur. Mais que, parce qu'on a été décoré par lui, on élève ce souverain au-dessus de tous les monarques passés, présents et futurs ; qu'on ferme volontairement les yeux sur ses défauts et ses vices pour avoir une raison quelconque de les nier, et qu'on en fasse un héros, un saint, un génie, un dieu, c'est là un travers d'esprit, un manque de jugement, un aveuglement de l'intelligence qui ne sont pas rares de nos jours, et que possède, à un degré par trop élevé, M. le baron Durand. Pour son compte, depuis surtout que les élections ont l'air de donner gain de cause au parti bonapartiste, il ne voit dans l'histoire aucun personnage qui puisse être comparé à Napoléon III. A l'entendre, il fut plus grand que Charlemagne, plus pieux que saint Louis, plus chevaleresque que François I\ier\r, plus populaire que Henri IV, plus puissant que Louis XIV. On lui élèverait des temples et des autels qu'il trouverait cela tout naturel, tant il est vrai que rien n'aveugle les hommes comme les passions politiques.

Napoléon III eut des vertus privées, c'est incontestable, mais il commit des fautes irréparables que ses partisans oublient trop facilement ou plutôt qu'ils ne veulent pas avouer. Quoiqu'on en ait dit, ce fut un homme habile, mais il eut le malheur de rencontrer dans sa vie politique deux hommes plus habiles et surtout plus pervers que lui : *Cavour* et Bismark, ces deux larrons puissants, dont chacun était le premier ministre d'un roi hypocrite. Son devoir était de déjouer leurs coupables desseins, ou au moins de ne pas s'y associer, mais il fut faible et il eut peur. Il pactisa avec eux, fut trompé par eux, et eut le triste courage de ne reculer devant aucun obstacle pour les aider à accomplir leurs ténébreux projets. De ces trois conspirateurs, l'un tomba bientôt entre les mains du Dieu vivant. L'autre a été précipité du trône, et en face de la mort, faisant un retour sur son passé, il s'est humilié et repenti.

Son cercueil est fermé, Dieu l'a jugé… silence ! Le dernier jouit un moment de ses sanglants triomphes, en attendant le jour — qui n'est pas loin peut-être — où il lui faudra, à son tour, rendre compte des iniquités de sa vie.

Le baron Durand ne voit ni si haut, ni si loin. Admirateur passionné d'un homme qui n'eut de réellement grand que le nom, il n'a garde de convenir que sa politique fut une politique de va-et-vient, d'incertitude, de tergiversations, et pour tout dire en un mot, une politique déloyale. Napoléon, en effet, proclama pompeusement que : « *L'Empire c'est la paix!* » et, par trois fois, il jeta la France dans de ruineuses et interminables guerres.

« Votre Empereur, disait un jour un diplomate Améri-
» cain, c'est le flux et le reflux. Il se lance en avant avec
» beaucoup d'efforts, pour revenir à son point de départ,
» sans nul profit pour lui, et sans autre résultat pour la
» France que beaucoup de pleurs versés, beaucoup de
» sang répandu, beaucoup d'argent gaspillé. » C'est là un jugement que des hommes sérieux et d'un grand sens ont déjà ratifié.

L'Empereur, en mourant, a laissé un fils orné, dit-on, des plus brillantes qualités de l'esprit et du cœur. Il est en ce moment, avec sa mère, sur la terre d'exil que d'autres princes ont foulée avant lui. Là, il reçoit de ses *fidèles* de nombreux témoignages de sympathie et de dévouement. Le baron Durand ne manque pas, chaque année, à l'époque du 15 août de faire le pélerinage de Chislehurst. Comme aussi, quoique ses convictions religieuses ne soient pas bien arrêtées, il n'a garde d'oublier de faire célébrer, dans l'église de sa paroisse, à l'occasion du 9 janvier, jour anniversaire de la mort de l'Empereur, un service solennel, préalablement annoncé par tous les journaux du parti qui en donnent ensuite, en style de réclame, un compte-rendu plus ou moins fantaisiste. La grosse caisse a cela de bon que, si elle n'est pas très-harmonieuse, elle fait du bruit, s'entend de loin, et résonne longtemps dans les oreilles.

M. Durand, sans être précisément un musicien distingué, joue merveilleusement de cet instrument. A chacun sa spécialité !

Tout porte à croire que le fils de Napoléon III est un prince accompli. Rien n'ouvre l'âme aux généreux sentiments, rien ne mûrit l'intelligence comme le malheur! Son père, du reste, avait lui-même une belle intelligence et une grande bonté de cœur, quand il était laissé à lui-même ; sa mère est une sainte et noble femme qui porte au front la triple auréole de la majesté, du courage et de l'infortune. Il n'est donc pas étonnant que le Prince Impérial ait hérité de leurs belles qualités. Mais pourquoi le baron Durand ne voit-il que lui seul de parfait et de vraiment digne de monter sur le trône de France ! Partant de là, il n'est pas d'histoires injurieuses qu'il ne raconte à plaisir sur tel ou tel prétendant qui n'a pas ses sympathies, pas de calomnie absurde qu'il n'invente au besoin et ne répande autour de lui pour gagner des partisans à la cause qu'il soutient. Ce sont là de ces moyens d'honnêteté douteuse que la fin, quelque bonne qu'elle puisse être, ne saurait justifier. En général, le parti bonapartiste est un peu exclusif. En dehors de lui, il ne peut y avoir ni talent, ni droit, ni vertu, ni honneur. Chaque jour, dans les nombreux journaux qui lui appartiennent, il fait le procès de ses adversaires, les accuse, les condamne et les exécute avec une rondeur et un sans-gêne qui ne ressemblent en rien à de l'impartialité.

Notre baron est loin d'échapper à ce défaut particulier aux hommes de son opinion. Il suffit qu'il sache que tel individu n'entre pas dans ses vues politiques pour qu'il en tire aussitôt la conclusion qu'il n'est ni brave, ni intelligent, ni honnête. Il serait facile d'apporter des faits à l'appui de cette assertion. Il n'y aurait qu'à faire le relevé des nombreux dommages et intérêts payés, par les rédacteurs des journaux bonapartistes, à leurs adversaires politiques, pour diffamations et injures envers eux. — De ce qui précède faut-il conclure que le baron Durand est attaché à tout jamais à la dynastie napoléonienne, qu'il est prêt à sacrifier sa fortune aux intérêts du jeune Prince, à verser jusqu'à la dernière goutte de son sang pour lui frayer un passage jusqu'aux marches du trône impérial, et que — ce qui ne serait pas impossible — si ses espérances sont déçues, si l'Empire ne revient pas, si la Monarchie ou la République est proclamée, il en fera une maladie qui le conduira au tombeau ? Non, mille fois non, car M. Durand, en sa qualité d'avocat, est essentiellement philosophe. Il est même probable, pour ne pas dire certain, que si le nouveau gouvernement lui offrait un portefeuille quelconque, voire même une petite préfecture, il accepterait avec bonheur et empressement, se consolerait facilement de sa déception, et oublierait, non moins facilement, tous les empereurs de France et d'ailleurs.

Tant qu'un trône n'a pas été consacré par les siècles, tant qu'il n'a pas vu dix générations de souverains se succéder sur ses marches, tant qu'il ne s'est pas en quelque sorte identifié à l'existence même de la nation, sa base est étroite et vacillante, ses racines sont faibles et peu profondes, ses soutiens sont égoïstes et inconstants.

III.

Louis-Philippe Casimir, marquis de La Monnaie, est le fils du célèbre marquis de La Monnaie, dont le mariage avec une petite chanteuse de l'Opéra, fit tant de bruit à la fin du règne de Charles X.

Casimir de La Monnaie, issu de cette alliance, a aujourd'hui trente-huit ans. C'est un homme de haute taille, un peu mince, au visage osseux, aux traits durs, aux yeux gris, aux cheveux roux, à la voix aigre et nasillarde, — en cela il diffère de Malvina Gotton, sa mère, qui avait une voix superbe. — Voilà pour le physique. Le moral vaut-il mieux ? Il est fier et hautain, égoïste comme le parti orléaniste auquel il appartient, prudent comme les princes dont il a embrassé la cause, intéressé comme eux. On va même jusqu'à dire qu'il est juif, mais ce n'est là qu'une métaphore, puisque son père et sa mère reposent en terre sainte.

Casimir de La Monnaie est marié. Il a épousé une *demoiselle de magasin*, qui ne lui a pas apporté une grosse dot, mais dont l'entretien est des plus économiques, ce qui est déjà une compensation.

La nouvelle marquise lui a donné un fils qu'il élève dans ses principes, et qu'il unira, quand le temps sera venu, avec quelque riche héritière de quelque gros marchand de nouveautés. Mais ce sont là affaires de famille qui ne regardent que lui.

Pendant toute la durée de l'Empire, le marquis de La Monnaie est demeuré dans ses terres, occupé à pressurer ses fermiers, à placer son argent et à battre ses domestiques. A-t-il, dans son cœur, donné un souvenir à ses princes exilés? A-t-il désiré leur retour? A-t-il fait un pas, prononcé une parole pour leur faire ouvrir les portes de la Patrie? Assurément non. L'Empire semblait trop bien établi, ses moyens de surveillance étaient trop nombreux et trop habilement mis en œuvre, pour songer à entrer en relation avec ses ennemis. Et puis, il faut bien l'avouer, M. de La Monnaie était trop occupé en France pour songer à ceux qui en étaient éloignés. L'égoïsme chez lui marchait de pair avec un intérêt sordide. Peu lui importait la politique alors qu'il jouissait d'une tranquillité parfaite, que ses capitaux lui rapportaient de solides revenus, et que chaque jour, grâce au pouvoir établi, ses fonds placés sur l'Etat montaient, montaient toujours! Il oubliait volontiers que s'il jouissait d'une fortune assez ronde, il le devait à Louis-Philippe, ce roi sceptique et bourgeois, qui avait donné au vieux marquis, son père, une des places les plus lucratives du royaume, pour le récompenser de sa mésalliance avec Malvina Gotton.

Mais quand le trône impérial se fut écroulé, quand la République fut proclamée, quand la Commune se dressa devant lui avec ses orgies sanglantes, ses appétits féroces, ses menaces homicides, il eut peur et il trembla. Il voyait déjà son château livré aux flammes, ses biens partagés, sa fortune anéantie. Qu'allait-il devenir?... Puis, quand la Commune fut vaincue, quand il vit les partis se disputer le pouvoir, il releva la tête, son ambition se réveilla; il se dit que lui aussi, grâce à son nom et à son rang, il pouvait remplir un rôle *avantageux* dans la grande comédie politique qui allait se jouer sur la scène de la France. Il se jeta donc dans l'orléanisme, le seul parti qui convint à ses goûts, à son caractère, à son genre de noblesse. Alors il s'en alla faire sa cour aux princes rapatriés et occupés à dépouiller la France des quelques millions qui lui restaient encore. Il leur parla de son admiration pour leurs augustes personnes, de son dévouement à leur cause, de son exil volontaire, dans le château de ses pères, loin des affaires publiques, loin des charges, loin des honneurs, tout le temps que dura leur exil, à eux-mêmes, sur la terre étrangère. Il se mit corps et biens à leur disposition, sachant parfaitement qu'avec leur fortune colossale, les princes d'Orléans ne toucheraient pas à la sienne.

Depuis lors, il est de toutes leurs soirées, de tous leurs bals, de toutes leurs fêtes. C'est l'homme nécessaire. Il est initié aux plus intimes secrets de leur politique tortueuse. C'est l'âme de leur conseil. Ils en ont fait leur premier pilote sur cet océan de cabales et d'intrigues, sur lequel, depuis leur jeune âge, ils naviguent à pleines voiles. Aussi s'est-il opéré en lui une réaction complète. La Commune lui inspire moins d'horreur, les républicains sont presque ses frères et amis, il déjeûne chez M. Thiers, il dîne avec M. Gambetta, il sourit à M. Jules Favre, il salue M. Jules Simon ; n'était le respect humain, il tendrait la main à M.... Challemel-Lacour !

L'Orléanisme, par son passé, n'offre aucune de ces garanties sociales qui, seules, font les trônes sacrés, les souverains estimés, les peuples respectés. Ce parti, en effet, n'a ni croyance politique, ni conviction religieuse, ni générosité, ni dévouement, ni patriotisme. L'ambition est son mobile, la fourberie son moyen, la propriété son seul et unique but. Et pour arriver plus sûrement à ce but, il est d'une sagesse, d'une prudence, d'une habileté machiavéliques. Contre lui se dressent : le passé qui l'accuse, le présent qui le dédaigne, l'avenir qui le méprise. Que lui importe ! Il reste sur les rangs quand même. Il a foi dans sa souplesse, sa perfidie, ses agissements souterrains. La lu-

mière le gêne, il cherche l'ombre dans laquelle il se meut
avec une aisance de chauve-souris. Il prend mille et mille
détours, invente mille et mille ruses pour s'insinuer dans
le sein des masses. Il voit rouge, dit bleu, écrit blanc,
pense jaune, et somme toute, ne réussit à tromper que les
aveugles et les niais.

Le marquis de La Monnaie est essentiellement l'homme
de ce parti. En lui se résument toutes les incrédulités de
l'âme, toutes les étroitesses de cœur, toutes les fourberies
de l'esprit qui ont fait dire à la presse étrangère (1) que
l'orléanisme ne représente rien, sinon l'*absence* de tout
principe *érigée* en principe.

Au fond, le marquis de La Monnaie n'est pas plus dé-
voué à la Maison d'Orléans qu'au comte de Chambord ou
au Prince Impérial. Le dévouement vient du cœur, or
M. de La Monnaie n'a jamais aimé... que lui seul. Ce qu'il
cherche avant tout c'est son propre intérêt, la satisfaction
de son orgueil, le triomphe de ses projets ambitieux. S'il
rejette le drapeau rouge, ce n'est pas qu'il lui inspire de
l'horreur, c'est qu'il en a peur. S'il proteste contre le drapeau blanc, c'est moins par esprit de parti que parce qu'il
ne se sent plus digne d'en porter la couleur. S'il adopte le
drapeau tricolore, c'est plutôt par calcul qu'à cause de la
gloire que ce noble étendard a conquise à la France sur
tous les champs de bataille de l'Europe.

Ce n'est pas pour lui qu'a été fait cet adage : *Noblesse
oblige !* Qu'importe que les ossements de ses pères aient
frémi d'indignation au jour de son union avec une fille de
bas étage ! Qu'importe que tous ces vieux chevaliers, tous
ces nobles prélats, tous ces grands seigneurs de sa famille
le renient du fond de leur froid tombeau pour avoir maculé
leur blason sans tache et forfait à leur antique devise :
Nobilitas et virtus ! Il a vécu sans remords, il mourra sans
repentir, laissant à son fils un nom méprisé, une mémoire
ternie, et — comme compensation — une fortune immense.

---

(1) Le *Vaterland,* de Munich.

Comment en serait-il autrement? Il a eu constamment sous les yeux l'exemple de ses chefs politiques, de ces princes bourgeois qui ont toujours fait passer leurs intérêts avant les intérêts de la France, qui ne se sont jamais piqués de reconnaissance pour les services qu'on leur rend, services aussitôt oubliés qu'acceptés par eux; qui sont allés faire leur cour au comte de Chambord, et ont ensuite fraternisé avec les républicains, et qui, après tout, sont les hommes de la Révolution. Il a marché sur leurs traces, et n'a pas toujours réussi à les devancer sur ce chemin qui n'est pas celui du patriotisme, du devoir et de l'honneur.

Un trône qui ne repose que sur des principes révolutionnaires, dont l'existence est la négation de la justice et du droit, qui n'a pour force que la ruse, pour grandeur que la fortune, pour soutiens que des hommes égoïstes et impies, ne saurait briller longtemps d'un vif éclat chez une nation honnête et loyale. Tôt ou tard, il faut que le droit l'emporte sur l'iniquité, le bien sur le mal, la vérité sur le mensonge. Vient un jour où l'on entend par le monde un murmure sourd et lointain qui se rapproche et grandit, semblable à la voix de l'Océan dans ses jours de colère. C'est le tigre populaire qui s'agite et qui gronde. Soudain, sa fureur éclate, il bondit, il s'élance, et le trône ébranlé s'écroule et disparaît sans retour.

Alors le peuple, avec son gros bon sens et sa rude franchise, s'écrie : *C'est la justice de Dieu qui vient de passer !*

IV.

Jean-Jacques-Brutus-Julien, comte d'Argentcourt, est le dernier descendant d'une noble race qui aurait dû s'éteindre un siècle plus tôt. Son aïeul, condamné pour une action infamante, mourut au bagne. Son père, après avoir dispersé sa fortune dans tous les tripots de la capitale, vient de finir misérablement par le suicide, ce dernier refuge des cœurs lâches et blasés. Et lui-même, quoiqu'il n'ait pas atteint sa trentième année, a déjà passé par toutes les hontes et toutes les ignominies de la vie privée. A le voir, on devine une partie de son existence. Son front, déjà chauve, est sillonné par les rides d'une vieillesse précoce. Son visage pâle et flétri révèle la corruption de son cœur. Toute sa personne est l'image vivante de la turpitude et du vice.

Sans patrimoine, sans famille, sans protecteur, sans emploi, de quoi vit-il ! Nul ne peut le dire. Tout ce que l'on sait, c'est qu'il fréquente les estaminets et les clubs, se plaît dans la compagnie des gens sans aveu, déteste les sergents de ville, et se dit républicain.

Sous l'Empire, il faisait ses délices de la *Lanterne*, de Rochefort, cet autre comte qui restera à jamais l'opprobre de sa famille et la honte de son pays. Il en partageait les idées, en embrassait les doctrines, et en subissait la pernicieuse influence. Élevé à cette école, grandi aux yeux de ses *frères* et *amis* par l'abandon qu'il fait de ses titres de noblesse, il est aujourd'hui un des coryphées du parti.

Il y a trois choses au monde qu'il a en profonde horreur : Dieu, les prêtres et l'autorité. De là ses blasphêmes, ses calomnies, ses révoltes ! Il blasphême Dieu dont il nie l'existence, pour étouffer ses remords ; il calomnie les prêtres qui flétrissent et condamnent ses vices ; il se révolte contre l'autorité qui le gêne. Rien n'irrite l'homme corrompu comme de l'empêcher de faire le mal vers lequel il se sent naturellement porté, ou de le forcer à faire le bien, pour lequel il éprouve une répugnance invincible. Tout ce qui s'oppose aux penchants de sa nature vicieuse, comme tout ce qui contrarie sa volonté, devient à l'instant l'objet de sa haine. C'est pourquoi le gouvernement sous lequel « *il lui sera permis de tout faire*, » aura toujours ses sympathies et ses préférences. Or, la République, telle que nous la connaissons en France, remplit admirablement ces conditions. C'est le règne de la licence la plus absolue, mise à la portée de tout le monde. On peut donc dire hardiment, sans crainte de se tromper, que la République est le parti de la *canaille*. Ce mot est dur, mais il est juste. A part quelques hommes de bonne foi, victimes de leur crédulité ou de leurs illusions, ceux qui le composent ne sont qu'un ramas sans nom d'êtres jaloux et ambitieux qui n'ont rien à perdre et tout à gagner de l'anarchie dans laquelle ils s'efforcent de plonger la France. Sous prétexte que l'homme est né libre, ils veulent secouer le joug de toute autorité, pour faire le mal à leur guise, assouvir leurs appétits, et imposer leur volonté brutale. Ils ont, sans cesse, à la bouche ces grands mots de *Liberté*, d'*Egalité*, de *Fraternité*. Nul n'en parle plus qu'eux ; nul ne les interprète plus mal. Pour eux, la liberté c'est la licence, l'égalité le pillage, la fraternité le meurtre et l'incendie. Comment n'en serait-il pas ainsi? Tous les repris de justice, tous les individus qui ont eu quelque démêlé avec la police, tous les banqueroutiers, tous les oisifs, tous les ivrognes, se disent républicains. Le bien ne saurait sortir de tous ces éléments d'iniquité et de crime. C'est pourquoi la république, fut-elle le plus parfait, le plus idéal des gouvernements, est de toute impossibilité pour une nation qui se respecte et veut être respectée. Elle a toujours été en France le signal des plus honteux désordres. C'est une marâtre féroce, bourreau et victime tout à la fois de ses propres enfants. C'est une fleur, aux âpres senteurs, qui ne s'épanouit que sur des ruines, et ne veut être arrosée qu'avec des larmes et du sang.

Il était donc tout naturel que le jeune comte d'Argentcourt, élevé, grâces aux exemples de son aïeul et aux leçons de son père, dans les principes de la morale indépendante, en contact fréquent avec les professeurs de la libre-pensée et les philosophes du siècle, porté, d'ailleurs, au mal par la violence de ses passions et la fougue de son caractère haineux et vindicatif, il était naturel, dis-je, que ce dernier rejeton d'une race dégénérée et flétrie, embrassât le grand parti de la Révolution. Aussi, avec quelle sauvage ivresse, il salua la chute de l'Empire, la proclamation de la République, l'arrivée au pouvoir des hommes du 4 Septembre, de cette meute d'avocats accourus, aux cris de la France aux abois, pour avoir leur part de la curée ! Avec quelle habileté, tout en demandant comme eux, la guerre à outrance, il sut, comme eux, se tenir à distance des balles prussiennes, pendant que nos malheureux soldats étaient sacrifiés à l'orgueil et à l'ambition de ces sinistres farceurs !

O hommes maudits du 4 Septembre, avocats éhontés de toutes les causes nauséabondes et malsaines, pérorez aux balcons, vantez vos vertus républicaines, jouissez sans vergogne de tous ces trésors si facilement accumulés dans vos coffres, aux dépens d'un peuple imbécile, et sans pitié pour ces héroïques soldats, pieds nus, sans pain, manquant presque de tout, et qui, seuls, surent rester grands dans ces jours de défaillances et de honte ! Ils dorment maintenant, couchés dans leur gloire, à Wissembourg, à Forbach, à Reischoffen, à Patay et sur tous ces champs de bataille où votre sang n'a jamais coulé. Leur mémoire est sacrée, leur nom a retenti dans le monde, leur honneur est sans tache, car s'ils furent vaincus, ils sont tombés en braves, les armes à la main, pour la plus noble et la plus sainte des causes, tandis que votre nom, votre mémoire, votre honneur à vous, sont traînés aujourd'hui dans la boue, comme ceux des lâches et des traîtres, en attendant que la main vengeresse de la postérité les cloue au pilori de l'histoire.

Le comte d'Argentcourt était donc de ces hommes qui, au 4 Septembre, se réjouirent plus de la proclamation de la République qu'ils ne se lamentèrent des malheurs de la France. Il espérait, lui aussi, grâce à la notoriété de son nom et au scandale de sa vie, ne pas être oublié dans cette immense distribution de faveurs et de charges publiques faites dans les rangs de la démocratie, par ces dix avocats qui eurent le cynisme de s'arroger le glorieux titre de *Membres de la défense nationale*. En effet, ce grand citoyen qui, hier encore, prêchait la *liberté*, la *sainte égalité* et la fraternité, se faisant dénonciateur et courtisan, sollicita et obtint, au détriment d'un autre, la place qu'il convoitait, et dès lors il ne considéra plus ses égaux de la veille que comme des instruments et des jouets de sa volonté.

Sous la Commune, tout en demeurant, pour ne pas se compromettre, simple spectateur du drame terrible qui se jouait sous ses yeux, sa joie ne connut plus de bornes. Il entendit, avec un plaisir barbare, proclamer le triomphe de ses idées. Ses adversaires politiques furent traqués comme des bêtes fauves. Dieu lui-même fut proscrit de ses temples ; il vit couler le sang des prêtres, de ces hommes noirs auxquels depuis si longtemps il avait voué une si implacable haine. Il assista aux funérailles de tous ces vieux préjugés, de toutes ces vieilles croyances qui, selon lui, arrêtaient l'essor de la civilisation et du progrès. Une ère nouvelle se levait sur le monde. Plus de Dieu, plus de souverain, plus de famille, plus de propriété ! L'homme était affranchi de tous ses devoirs, de toutes ses obligations, il était libre enfin. Quel rêve ! C'était le sien, et il était sur le point de se réaliser...

Mais cette fois encore, ses espérances furent déçues. Le droit l'emporta sur l'iniquité. L'anarchie succomba sous le poids de ses crimes, et Brutus d'Argentcourt, relevé de ses fonctions, fut rendu à la vie privée, c'est-à-dire à l'oisiveté et à la misère. Et aujourd'hui, le cœur gros de haine et de vengeance, il traîne une existence déshonorée et flétrie, se posant en victime, en ami du peuple, en martyr de la liberté, bavant l'insulte et l'outrage sur les choses les plus augustes et les plus saintes, et appelant de tous ses vœux le règne de la Révolution et de la Commune, seul gouvernement qui convienne à sa nature avilie et corrompue.

Une république patronnée, soutenue, établie par de tels hommes, ne peut être un gouvernement honnête et modéré. La logique du mal s'y oppose et l'expérience des faits nous le prouve d'une manière évidente. En effet, 93 succède à 89, les journées de juin surgissent de 48, le 18 mars s'autorise du 4 septembre. La logique ne s'émeut pas de ces terribles catastrophes, elle les avait prévues. Un vaisseau poussé vers la côte par une violente tempête, se brise sur les écueils, et disparaît dans l'abîme, c'est inévitable ! L'Etat, c'est le vaisseau en détresse, la République est cet écueil fatal, la Révolution cet insondable abîme. Le mal tient au mal par des liens que nulle force humaine ne peut rompre. D'où il suit que si la République est possible, elle ne peut l'être que considérée comme gouvernement de transition, et encore, dans ce cas-là, n'a-t-on pas toujours à se louer de ses bienfaits.

Elle est à une nation ce qu'est à un blessé un premier pansement fait par une main inhabile. Sur le moment, il peut en éprouver quelque soulagement. Mais si l'homme de l'art, si le médecin tarde trop à venir, ce premier appareil devient insuffisant. Il échauffe le mal, il irrite la blessure qui s'envenime, la gangrène s'en empare, la chair tombe en lambeaux, et le malheureux blessé meurt au milieu des plus atroces souffrances. La France, c'est ce pauvre blessé. Son cœur saigne par suite des coups terribles que lui a portés la guerre civile et étrangère. La main inhabile et audacieusement cruelle des hommes du 4 Septembre, a appliqué, sur ses blessures, la République comme premier appareil. Qu'en est-il résulté ? C'est que ses plaies, loin de se cicatriser, sont devenues de jour en jour plus profondes, sa force a diminué, sa faiblesse s'est accrue, et bientôt, si une main énergique et savante ne lui apporte le remède efficace qui triomphe de son mal et active sa guérison, il faudra, malgré son courage et la force de sa constitution, qu'elle s'affaisse et succombe au milieu des plus affreux tourments.

Oui, si la République réussit à s'implanter sur le sol français, c'en est fait de notre belle et malheureuse patrie, sa ruine est proche, et elle sera irréparable. On pourra dire alors que la France a atteint le point de décrépitude qui doit la rayer de la liste des grandes nations, et que nous-mêmes, méprisant les leçons terribles du passé, perdant le souvenir des grands noms et des grandes actions qu'illustrèrent notre histoire, nous ne sommes plus que des pygmées oubliés du monde entier, après avoir été des géants renommés dans tout l'univers !

———

Je n'ai pas eu la prétention, dans cette étude écrite au courant de la plume et sous l'impression des graves événements politiques qui se déroulent avec une si effrayante rapidité sous nos yeux, de faire le procès de la noblesse contemporaine. Dieu me garde de porter une main sacrilége sur une des gloires les plus pures de notre époque si féconde pourtant en grands dévouements et en généreux sacrifices ! J'ai voulu seulement caractériser, par un type pris au sommet de l'échelle sociale, chacun des grands partis qui sont aujourd'hui aux prises pour arriver au pouvoir. Je crois l'avoir fait avec toute l'impartialité que comporte un tel sujet. Dans le légitimiste, j'ai personnifié la fidélité et l'illusion ; dans le bonapartiste, la confiance insolente ; dans l'orléaniste, l'égoïsme et la perfidie ; dans le républicain, l'ambition et la démence. Et sans rien conclure, j'ai laissé, au lecteur de bonne foi, le soin de se prononcer, et de dire lequel des partis que ces hommes représentent lui inspire le plus de respect et d'estime.

Puissent ces quelques lignes éclairer ceux de mes frères qui marchent dans les ténèbres de l'erreur politique, les débarrasser de leurs préjugés, leur donner une idée exacte des hommes et des choses et les ramener à des maximes plus vraies, plus conservatrices, plus françaises !

A. JOLLET — IMP. BOURGES.